I0178214

SAILOR'S LOGBOOK

Vessel name	Logbook No.

Voyages

	Sheets	Departure	Date	Destination	Date
1					
2					
3					
4					
5					
6					
7					
8					
9					
10					

ISBN 978-0-914025-28-3

Published by Starpath Publications
www.starpathpublications.com
3050 NW 63rd Street, Seattle, WA 98107

Book design by David Burch and Tobias Burch

Notes on Logbook Records

The ship's logbook has been a maritime tradition since ancient times. It is the place to document the voyages and movement of the vessel and events that take place on board related to safe navigation and the well being of the crew and cargo. Required log entries (not related to navigation) are specified for some vessels in *46 USC 11301.* This logbook is intended as a navigation log, with spare pages in the back for other entries.

The column labels reflect typical entries for a sailing vessel, but these can be renamed in the spaces below each label. The labels suggested are:

1. **Date**
2. **Time**, usually ship's time kept on 2400 watch face
3. **Log** (odometer), which usually has the same calibration as the knotmeter
4. **Course**, usually compass, as read, without corrections
5. **Speed** by knotmeter
6. **Location** by Latitude and Longitude or description
7. *Optional*
8. **AWS**, apparent wind speed
9. **AWA**, apparent wind angle (0° to 180°, port or starboard)
10. **Baro (**barometer), in millibars
11. **Comments** (weather, sea state, battery charging, temperature checks, etc)

Rows are numbered for cross reference or to help coordinate logbook entries with closest hour for hourly entries, or use the rows any way that is convenient. Frequency of entry depends on the circumstances.

A place to list voyages is on Page 1, along with a place to number this Logbook within a sequence. Each book should cover at least 40 days of 24-hour sailing with hourly entries, or longer with less frequent entries.

Data for the back of the book might include list of crew for each voyage, confirmation of safety checks, summary of voyage, and so on.

The logbook pages are bound and numbered as preferred by the USCG and admiralty courts, worldwide.

					Sheet 1		
	Date	Time	Log	Course	Speed	Location	
1							
2							
3							
4							
5							
6							
7							
8							
9							
10							
11							
12							
13							
14							
15							
16							
17							
18							
19							
20							
21							
22							
23							
24							
25							
26							
27							
28							
29							
	1	2	3	4	5	6	7

			Sheet 1	
	AWS	AWA	Baro	Comments
1				
2				
3				
4				
5				
6				
7				
8				
9				
10				
11				
12				
13				
14				
15				
16				
17				
18				
19				
20				
21				
22				
23				
24				
25				
26				
27				
28				
29				
	8	9	10	11

					Sheet 2		
	Date	Time	Log	Course	Speed	Location	
1							
2							
3							
4							
5							
6							
7							
8							
9							
10							
11							
12							
13							
14							
15							
16							
17							
18							
19							
20							
21							
22							
23							
24							
25							
26							
27							
28							
29							
	1	2	3	4	5	6	7

			Sheet 2	
	AWS	AWA	Baro	Comments
1				
2				
3				
4				
5				
6				
7				
8				
9				
10				
11				
12				
13				
14				
15				
16				
17				
18				
19				
20				
21				
22				
23				
24				
25				
26				
27				
28				
29				
	8	9	10	11

					Sheet 3		
	Date	Time	Log	Course	Speed	Location	
1							
2							
3							
4							
5							
6							
7							
8							
9							
10							
11							
12							
13							
14							
15							
16							
17							
18							
19							
20							
21							
22							
23							
24							
25							
26							
27							
28							
29							
	1	2	3	4	5	6	7

			Sheet 3	
	AWS	AWA	Baro	Comments
1				
2				
3				
4				
5				
6				
7				
8				
9				
10				
11				
12				
13				
14				
15				
16				
17				
18				
19				
20				
21				
22				
23				
24				
25				
26				
27				
28				
29				
	8	9	10	11

					Sheet 4		
	Date	Time	Log	Course	Speed	Location	
1							
2							
3							
4							
5							
6							
7							
8							
9							
10							
11							
12							
13							
14							
15							
16							
17							
18							
19							
20							
21							
22							
23							
24							
25							
26							
27							
28							
29							
	1	2	3	4	5	6	7

			Sheet 4	
	AWS	AWA	Baro	Comments
1				
2				
3				
4				
5				
6				
7				
8				
9				
10				
11				
12				
13				
14				
15				
16				
17				
18				
19				
20				
21				
22				
23				
24				
25				
26				
27				
28				
29				
	8	9	10	11

					Sheet 5		
	Date	Time	Log	Course	Speed	Location	
1							
2							
3							
4							
5							
6							
7							
8							
9							
10							
11							
12							
13							
14							
15							
16							
17							
18							
19							
20							
21							
22							
23							
24							
25							
26							
27							
28							
29							
	1	2	3	4	5	6	7

				Sheet 5
	AWS	AWA	Baro	Comments
1				
2				
3				
4				
5				
6				
7				
8				
9				
10				
11				
12				
13				
14				
15				
16				
17				
18				
19				
20				
21				
22				
23				
24				
25				
26				
27				
28				
29				
	8	9	10	11

					Sheet 6		
	Date	Time	Log	Course	Speed	Location	
1							
2							
3							
4							
5							
6							
7							
8							
9							
10							
11							
12							
13							
14							
15							
16							
17							
18							
19							
20							
21							
22							
23							
24							
25							
26							
27							
28							
29							
	1	2	3	4	5	6	7

			Sheet 6	
	AWS	AWA	Baro	Comments
1				
2				
3				
4				
5				
6				
7				
8				
9				
10				
11				
12				
13				
14				
15				
16				
17				
18				
19				
20				
21				
22				
23				
24				
25				
26				
27				
28				
29				
	8	9	10	11

					Sheet 7		
	Date	Time	Log	Course	Speed	Location	
1							
2							
3							
4							
5							
6							
7							
8							
9							
10							
11							
12							
13							
14							
15							
16							
17							
18							
19							
20							
21							
22							
23							
24							
25							
26							
27							
28							
29							
	1	2	3	4	5	6	7

			Sheet 7	
	AWS	AWA	Baro	Comments
1				
2				
3				
4				
5				
6				
7				
8				
9				
10				
11				
12				
13				
14				
15				
16				
17				
18				
19				
20				
21				
22				
23				
24				
25				
26				
27				
28				
29				
	8	9	10	11

					Sheet 8		
	Date	Time	Log	Course	Speed	Location	
1							
2							
3							
4							
5							
6							
7							
8							
9							
10							
11							
12							
13							
14							
15							
16							
17							
18							
19							
20							
21							
22							
23							
24							
25							
26							
27							
28							
29							
	1	2	3	4	5	6	7

			Sheet 8	
	AWS	AWA	Baro	Comments
1				
2				
3				
4				
5				
6				
7				
8				
9				
10				
11				
12				
13				
14				
15				
16				
17				
18				
19				
20				
21				
22				
23				
24				
25				
26				
27				
28				
29				
	8	9	10	11

				Sheet 9		
	Date	Time	Log	Course	Speed	Location	
1							
2							
3							
4							
5							
6							
7							
8							
9							
10							
11							
12							
13							
14							
15							
16							
17							
18							
19							
20							
21							
22							
23							
24							
25							
26							
27							
28							
29							
	1	2	3	4	5	6	7

			Sheet 9	
	AWS	AWA	Baro	Comments
1				
2				
3				
4				
5				
6				
7				
8				
9				
10				
11				
12				
13				
14				
15				
16				
17				
18				
19				
20				
21				
22				
23				
24				
25				
26				
27				
28				
29				
	8	9	10	11

					Sheet 10		
	Date	Time	Log	Course	Speed	Location	
1							
2							
3							
4							
5							
6							
7							
8							
9							
10							
11							
12							
13							
14							
15							
16							
17							
18							
19							
20							
21							
22							
23							
24							
25							
26							
27							
28							
29							
	1	2	3	4	5	6	7

				Sheet 10
	AWS	AWA	Baro	Comments
1				
2				
3				
4				
5				
6				
7				
8				
9				
10				
11				
12				
13				
14				
15				
16				
17				
18				
19				
20				
21				
22				
23				
24				
25				
26				
27				
28				
29				
	8	9	10	11

					Sheet 11		
	Date	Time	Log	Course	Speed	Location	
1							
2							
3							
4							
5							
6							
7							
8							
9							
10							
11							
12							
13							
14							
15							
16							
17							
18							
19							
20							
21							
22							
23							
24							
25							
26							
27							
28							
29							
	1	2	3	4	5	6	7

			Sheet 11	
	AWS	AWA	Baro	Comments
1				
2				
3				
4				
5				
6				
7				
8				
9				
10				
11				
12				
13				
14				
15				
16				
17				
18				
19				
20				
21				
22				
23				
24				
25				
26				
27				
28				
29				
	8	9	10	11

					Sheet 12		
	Date	Time	Log	Course	Speed	Location	
1							
2							
3							
4							
5							
6							
7							
8							
9							
10							
11							
12							
13							
14							
15							
16							
17							
18							
19							
20							
21							
22							
23							
24							
25							
26							
27							
28							
29							
	1	2	3	4	5	6	7

				Sheet 12	

	AWS	AWA	Baro	Comments
1				
2				
3				
4				
5				
6				
7				
8				
9				
10				
11				
12				
13				
14				
15				
16				
17				
18				
19				
20				
21				
22				
23				
24				
25				
26				
27				
28				
29				
	8	9	10	11

					Sheet 13		
	Date	Time	Log	Course	Speed	Location	
1							
2							
3							
4							
5							
6							
7							
8							
9							
10							
11							
12							
13							
14							
15							
16							
17							
18							
19							
20							
21							
22							
23							
24							
25							
26							
27							
28							
29							
	1	2	3	4	5	6	7

				Sheet 13
	AWS	AWA	Baro	Comments
1				
2				
3				
4				
5				
6				
7				
8				
9				
10				
11				
12				
13				
14				
15				
16				
17				
18				
19				
20				
21				
22				
23				
24				
25				
26				
27				
28				
29				
	8	9	10	11

					Sheet 14		
	Date	Time	Log	Course	Speed	Location	
1							
2							
3							
4							
5							
6							
7							
8							
9							
10							
11							
12							
13							
14							
15							
16							
17							
18							
19							
20							
21							
22							
23							
24							
25							
26							
27							
28							
29							
	1	2	3	4	5	6	7

			Sheet 14	
	AWS	AWA	Baro	Comments
1				
2				
3				
4				
5				
6				
7				
8				
9				
10				
11				
12				
13				
14				
15				
16				
17				
18				
19				
20				
21				
22				
23				
24				
25				
26				
27				
28				
29				
	8	9	10	11

					Sheet 15		
	Date	Time	Log	Course	Speed	Location	
1							
2							
3							
4							
5							
6							
7							
8							
9							
10							
11							
12							
13							
14							
15							
16							
17							
18							
19							
20							
21							
22							
23							
24							
25							
26							
27							
28							
29							
	1	2	3	4	5	6	7

			Sheet 15	
	AWS	AWA	Baro	Comments
1				
2				
3				
4				
5				
6				
7				
8				
9				
10				
11				
12				
13				
14				
15				
16				
17				
18				
19				
20				
21				
22				
23				
24				
25				
26				
27				
28				
29				
	8	9	10	11

					Sheet 16		
	Date	Time	Log	Course	Speed	Location	
1							
2							
3							
4							
5							
6							
7							
8							
9							
10							
11							
12							
13							
14							
15							
16							
17							
18							
19							
20							
21							
22							
23							
24							
25							
26							
27							
28							
29							
	1	2	3	4	5	6	7

				Sheet 16
	AWS	AWA	Baro	Comments
1				
2				
3				
4				
5				
6				
7				
8				
9				
10				
11				
12				
13				
14				
15				
16				
17				
18				
19				
20				
21				
22				
23				
24				
25				
26				
27				
28				
29				
	8	9	10	11

					Sheet 17		
	Date	Time	Log	Course	Speed	Location	
1							
2							
3							
4							
5							
6							
7							
8							
9							
10							
11							
12							
13							
14							
15							
16							
17							
18							
19							
20							
21							
22							
23							
24							
25							
26							
27							
28							
29							
	1	2	3	4	5	6	7

				Sheet 17
	AWS	AWA	Baro	Comments
1				
2				
3				
4				
5				
6				
7				
8				
9				
10				
11				
12				
13				
14				
15				
16				
17				
18				
19				
20				
21				
22				
23				
24				
25				
26				
27				
28				
29				
	8	9	10	11

				Sheet 18		
	Date	Time	Log	Course	Speed	Location	
1							
2							
3							
4							
5							
6							
7							
8							
9							
10							
11							
12							
13							
14							
15							
16							
17							
18							
19							
20							
21							
22							
23							
24							
25							
26							
27							
28							
29							
	1	2	3	4	5	6	7

				Sheet 18	

	AWS	AWA	Baro	Comments
1				
2				
3				
4				
5				
6				
7				
8				
9				
10				
11				
12				
13				
14				
15				
16				
17				
18				
19				
20				
21				
22				
23				
24				
25				
26				
27				
28				
29				
	8	9	10	11

					Sheet 19		
	Date	Time	Log	Course	Speed	Location	
1							
2							
3							
4							
5							
6							
7							
8							
9							
10							
11							
12							
13							
14							
15							
16							
17							
18							
19							
20							
21							
22							
23							
24							
25							
26							
27							
28							
29							
	1	2	3	4	5	6	7

			Sheet 19	
	AWS	AWA	Baro	Comments
1				
2				
3				
4				
5				
6				
7				
8				
9				
10				
11				
12				
13				
14				
15				
16				
17				
18				
19				
20				
21				
22				
23				
24				
25				
26				
27				
28				
29				
	8	9	10	11

				Sheet 20		
	Date	Time	Log	Course	Speed	Location	
1							
2							
3							
4							
5							
6							
7							
8							
9							
10							
11							
12							
13							
14							
15							
16							
17							
18							
19							
20							
21							
22							
23							
24							
25							
26							
27							
28							
29							
	1	2	3	4	5	6	7

			Sheet 20	
	AWS	AWA	Baro	Comments
1				
2				
3				
4				
5				
6				
7				
8				
9				
10				
11				
12				
13				
14				
15				
16				
17				
18				
19				
20				
21				
22				
23				
24				
25				
26				
27				
28				
29				
	8	9	10	11

					Sheet 21		
	Date	Time	Log	Course	Speed	Location	
1							
2							
3							
4							
5							
6							
7							
8							
9							
10							
11							
12							
13							
14							
15							
16							
17							
18							
19							
20							
21							
22							
23							
24							
25							
26							
27							
28							
29							
	1	2	3	4	5	6	7

			Sheet 21	
	AWS	AWA	Baro	Comments
1				
2				
3				
4				
5				
6				
7				
8				
9				
10				
11				
12				
13				
14				
15				
16				
17				
18				
19				
20				
21				
22				
23				
24				
25				
26				
27				
28				
29				
	8	9	10	11

					Sheet 22		
	Date	Time	Log	Course	Speed	Location	
1							
2							
3							
4							
5							
6							
7							
8							
9							
10							
11							
12							
13							
14							
15							
16							
17							
18							
19							
20							
21							
22							
23							
24							
25							
26							
27							
28							
29							
	1	2	3	4	5	6	7

			Sheet 22	
	AWS	AWA	Baro	Comments
1				
2				
3				
4				
5				
6				
7				
8				
9				
10				
11				
12				
13				
14				
15				
16				
17				
18				
19				
20				
21				
22				
23				
24				
25				
26				
27				
28				
29				
	8	9	10	11

					Sheet 23		
	Date	Time	Log	Course	Speed	Location	
1							
2							
3							
4							
5							
6							
7							
8							
9							
10							
11							
12							
13							
14							
15							
16							
17							
18							
19							
20							
21							
22							
23							
24							
25							
26							
27							
28							
29							
	1	2	3	4	5	6	7

			Sheet 23	
	AWS	AWA	Baro	Comments
1				
2				
3				
4				
5				
6				
7				
8				
9				
10				
11				
12				
13				
14				
15				
16				
17				
18				
19				
20				
21				
22				
23				
24				
25				
26				
27				
28				
29				
	8	9	10	11

					Sheet 24		
	Date	Time	Log	Course	Speed	Location	
1							
2							
3							
4							
5							
6							
7							
8							
9							
10							
11							
12							
13							
14							
15							
16							
17							
18							
19							
20							
21							
22							
23							
24							
25							
26							
27							
28							
29							
	1	2	3	4	5	6	7

		Sheet 24	

	AWS	AWA	Baro	Comments
1				
2				
3				
4				
5				
6				
7				
8				
9				
10				
11				
12				
13				
14				
15				
16				
17				
18				
19				
20				
21				
22				
23				
24				
25				
26				
27				
28				
29				
	8	9	10	11

					Sheet 25		
	Date	Time	Log	Course	Speed	Location	
1							
2							
3							
4							
5							
6							
7							
8							
9							
10							
11							
12							
13							
14							
15							
16							
17							
18							
19							
20							
21							
22							
23							
24							
25							
26							
27							
28							
29							
	1	2	3	4	5	6	7

		Sheet 25		
	AWS	AWA	Baro	Comments
1				
2				
3				
4				
5				
6				
7				
8				
9				
10				
11				
12				
13				
14				
15				
16				
17				
18				
19				
20				
21				
22				
23				
24				
25				
26				
27				
28				
29				
	8	9	10	11

					Sheet 26		
	Date	Time	Log	Course	Speed	Location	
1							
2							
3							
4							
5							
6							
7							
8							
9							
10							
11							
12							
13							
14							
15							
16							
17							
18							
19							
20							
21							
22							
23							
24							
25							
26							
27							
28							
29							
	1	2	3	4	5	6	7

			Sheet 26	
	AWS	AWA	Baro	Comments
1				
2				
3				
4				
5				
6				
7				
8				
9				
10				
11				
12				
13				
14				
15				
16				
17				
18				
19				
20				
21				
22				
23				
24				
25				
26				
27				
28				
29				
	8	9	10	11

					Sheet 27		
	Date	Time	Log	Course	Speed	Location	
1							
2							
3							
4							
5							
6							
7							
8							
9							
10							
11							
12							
13							
14							
15							
16							
17							
18							
19							
20							
21							
22							
23							
24							
25							
26							
27							
28							
29							
	1	2	3	4	5	6	7

				Sheet 27
	AWS	AWA	Baro	Comments
1				
2				
3				
4				
5				
6				
7				
8				
9				
10				
11				
12				
13				
14				
15				
16				
17				
18				
19				
20				
21				
22				
23				
24				
25				
26				
27				
28				
29				
	8	9	10	11

					Sheet 28		
	Date	Time	Log	Course	Speed	Location	
1							
2							
3							
4							
5							
6							
7							
8							
9							
10							
11							
12							
13							
14							
15							
16							
17							
18							
19							
20							
21							
22							
23							
24							
25							
26							
27							
28							
29							
	1	2	3	4	5	6	7

			Sheet 28	
	AWS	AWA	Baro	Comments
1				
2				
3				
4				
5				
6				
7				
8				
9				
10				
11				
12				
13				
14				
15				
16				
17				
18				
19				
20				
21				
22				
23				
24				
25				
26				
27				
28				
29				
	8	9	10	11

					Sheet 29		
	Date	Time	Log	Course	Speed	Location	
1							
2							
3							
4							
5							
6							
7							
8							
9							
10							
11							
12							
13							
14							
15							
16							
17							
18							
19							
20							
21							
22							
23							
24							
25							
26							
27							
28							
29							
	1	2	3	4	5	6	7

			Sheet 29	
	AWS	AWA	Baro	Comments
1				
2				
3				
4				
5				
6				
7				
8				
9				
10				
11				
12				
13				
14				
15				
16				
17				
18				
19				
20				
21				
22				
23				
24				
25				
26				
27				
28				
29				
	8	9	10	11

					Sheet 30		
	Date	Time	Log	Course	Speed	Location	
1							
2							
3							
4							
5							
6							
7							
8							
9							
10							
11							
12							
13							
14							
15							
16							
17							
18							
19							
20							
21							
22							
23							
24							
25							
26							
27							
28							
29							
	1	2	3	4	5	6	7

			Sheet 30	
	AWS	AWA	Baro	Comments
1				
2				
3				
4				
5				
6				
7				
8				
9				
10				
11				
12				
13				
14				
15				
16				
17				
18				
19				
20				
21				
22				
23				
24				
25				
26				
27				
28				
29				
	8	9	10	11

					Sheet 31		
	Date	Time	Log	Course	Speed	Location	
1							
2							
3							
4							
5							
6							
7							
8							
9							
10							
11							
12							
13							
14							
15							
16							
17							
18							
19							
20							
21							
22							
23							
24							
25							
26							
27							
28							
29							
	1	2	3	4	5	6	7

				Sheet 31
	AWS	AWA	Baro	Comments
1				
2				
3				
4				
5				
6				
7				
8				
9				
10				
11				
12				
13				
14				
15				
16				
17				
18				
19				
20				
21				
22				
23				
24				
25				
26				
27				
28				
29				
	8	9	10	11

				Sheet 32		
	Date	Time	Log	Course	Speed	Location	
1							
2							
3							
4							
5							
6							
7							
8							
9							
10							
11							
12							
13							
14							
15							
16							
17							
18							
19							
20							
21							
22							
23							
24							
25							
26							
27							
28							
29							
	1	2	3	4	5	6	7

			Sheet 32	
	AWS	AWA	Baro	Comments
1				
2				
3				
4				
5				
6				
7				
8				
9				
10				
11				
12				
13				
14				
15				
16				
17				
18				
19				
20				
21				
22				
23				
24				
25				
26				
27				
28				
29				
	8	9	10	11

					Sheet 33		
	Date	Time	Log	Course	Speed	Location	
1							
2							
3							
4							
5							
6							
7							
8							
9							
10							
11							
12							
13							
14							
15							
16							
17							
18							
19							
20							
21							
22							
23							
24							
25							
26							
27							
28							
29							
	1	2	3	4	5	6	7

			Sheet 33	
	AWS	AWA	Baro	Comments
1				
2				
3				
4				
5				
6				
7				
8				
9				
10				
11				
12				
13				
14				
15				
16				
17				
18				
19				
20				
21				
22				
23				
24				
25				
26				
27				
28				
29				
	8	9	10	11

					Sheet 34		
	Date	Time	Log	Course	Speed	Location	
1							
2							
3							
4							
5							
6							
7							
8							
9							
10							
11							
12							
13							
14							
15							
16							
17							
18							
19							
20							
21							
22							
23							
24							
25							
26							
27							
28							
29							
	1	2	3	4	5	6	7

				Sheet 34
	AWS	AWA	Baro	Comments
1				
2				
3				
4				
5				
6				
7				
8				
9				
10				
11				
12				
13				
14				
15				
16				
17				
18				
19				
20				
21				
22				
23				
24				
25				
26				
27				
28				
29				
	8	9	10	11

					Sheet 35		
	Date	Time	Log	Course	Speed	Location	
1							
2							
3							
4							
5							
6							
7							
8							
9							
10							
11							
12							
13							
14							
15							
16							
17							
18							
19							
20							
21							
22							
23							
24							
25							
26							
27							
28							
29							
	1	2	3	4	5	6	7

			Sheet 35	
	AWS	AWA	Baro	Comments
1				
2				
3				
4				
5				
6				
7				
8				
9				
10				
11				
12				
13				
14				
15				
16				
17				
18				
19				
20				
21				
22				
23				
24				
25				
26				
27				
28				
29				
	8	9	10	11

					Sheet 36		
	Date	Time	Log	Course	Speed	Location	
1							
2							
3							
4							
5							
6							
7							
8							
9							
10							
11							
12							
13							
14							
15							
16							
17							
18							
19							
20							
21							
22							
23							
24							
25							
26							
27							
28							
29							
	1	2	3	4	5	6	7

			Sheet 36	
	AWS	AWA	Baro	Comments
1				
2				
3				
4				
5				
6				
7				
8				
9				
10				
11				
12				
13				
14				
15				
16				
17				
18				
19				
20				
21				
22				
23				
24				
25				
26				
27				
28				
29				
	8	9	10	11

					Sheet 37		
	Date	Time	Log	Course	Speed	Location	
1							
2							
3							
4							
5							
6							
7							
8							
9							
10							
11							
12							
13							
14							
15							
16							
17							
18							
19							
20							
21							
22							
23							
24							
25							
26							
27							
28							
29							
	1	2	3	4	5	6	7

			Sheet 37	
	AWS	AWA	Baro	Comments
1				
2				
3				
4				
5				
6				
7				
8				
9				
10				
11				
12				
13				
14				
15				
16				
17				
18				
19				
20				
21				
22				
23				
24				
25				
26				
27				
28				
29				
	8	9	10	11

					Sheet 38		
	Date	Time	Log	Course	Speed	Location	
1							
2							
3							
4							
5							
6							
7							
8							
9							
10							
11							
12							
13							
14							
15							
16							
17							
18							
19							
20							
21							
22							
23							
24							
25							
26							
27							
28							
29							
	1	2	3	4	5	6	7

			Sheet 38	
	AWS	AWA	Baro	Comments
1				
2				
3				
4				
5				
6				
7				
8				
9				
10				
11				
12				
13				
14				
15				
16				
17				
18				
19				
20				
21				
22				
23				
24				
25				
26				
27				
28				
29				
	8	9	10	11

					Sheet 39		
	Date	Time	Log	Course	Speed	Location	
1							
2							
3							
4							
5							
6							
7							
8							
9							
10							
11							
12							
13							
14							
15							
16							
17							
18							
19							
20							
21							
22							
23							
24							
25							
26							
27							
28							
29							
	1	2	3	4	5	6	7

				Sheet 39
	AWS	AWA	Baro	Comments
1				
2				
3				
4				
5				
6				
7				
8				
9				
10				
11				
12				
13				
14				
15				
16				
17				
18				
19				
20				
21				
22				
23				
24				
25				
26				
27				
28				
29				
	8	9	10	11

					Sheet 40		
	Date	Time	Log	Course	Speed	Location	
1							
2							
3							
4							
5							
6							
7							
8							
9							
10							
11							
12							
13							
14							
15							
16							
17							
18							
19							
20							
21							
22							
23							
24							
25							
26							
27							
28							
29							
	1	2	3	4	5	6	7

				Sheet 40
	AWS	AWA	Baro	Comments
1				
2				
3				
4				
5				
6				
7				
8				
9				
10				
11				
12				
13				
14				
15				
16				
17				
18				
19				
20				
21				
22				
23				
24				
25				
26				
27				
28				
29				
	8	9	10	11

Sheet 41

Sheet 42

Sheet 43

Sheet 44

Sheet 45

Sheet 46

Sheet 47

www.ingramcontent.com/pod-product-compliance
Lightning Source LLC
Chambersburg PA
CBHW050503110426
42742CB00018B/3356
* 9 7 8 0 9 1 4 0 2 5 2 8 3 *